LE
DIX-HUITIÈME SIÈCLE

ET

LA CRITIQUE CONTEMPORAINE

LEÇON D'OUVERTURE

du Cours de Littérature française à la Faculté des Lettres de Paris
le 14 Décembre 1891

PAR

GUSTAVE LARROUMET

MEMBRE DE L'INSTITUT
CHARGÉ DU COURS

PARIS
ADMINISTRATION DES DEUX REVUES
111, BOULEVARD SAINT-GERMAIN

1891

LE

DIX-HUITIÈME SIÈCLE

ET

LA CRITIQUE CONTEMPORAINE

DIX-NEUVIÈME SIÈCLE

LA RUSSIE CONTEMPORAINE

EXTRAIT DE LA *REVUE BLEUE*

LE
DIX-HUITIÈME SIÈCLE

ET

LA CRITIQUE CONTEMPORAINE

LEÇON D'OUVERTURE

du Cours de Littérature française à la Faculté des Lettres de Paris
le 11 Décembre 1891

PAR

GUSTAVE LARROUMET

MEMBRE DE L'INSTITUT
CHARGÉ DU COURS

PARIS

ADMINISTRATION DES DEUX REVUES

111, BOULEVARD SAINT-GERMAIN

1891

LE
DIX-HUITIÈME SIÈCLE
ET
LA CRITIQUE CONTEMPORAINE

Messieurs,

Il y a quatre ans, j'avais l'honneur d'enseigner ici la littérature française, lorsque le choix du Ministre de l'Instruction publique et des Beaux-Arts me fit interrompre cet enseignement pour des fonctions administratives. Je conservais l'intention arrêtée de le reprendre un jour; j'y reviens aujourd'hui, avec une profonde reconnaissance pour ceux qui m'ont confié ou continué ces fonctions, comme pour ceux avec qui elles m'ont mis en rapport. Je remercie M. le Ministre qui, en m'autorisant à y rentrer, a voulu me conférer un titre nouveau; M. le Directeur de l'Enseignement supérieur, dont la bienveillance a secondé les intentions du Ministre; la Faculté des Lettres qui, pendant mon éloignement, maintenait le lien qui m'attachait à elle et que je tiens à grand honneur. Mes anciens auditeurs m'avaient fait de leur sympathie une chère habitude. Tous mes efforts auront pour but de mériter encore de votre part l'intérêt avec lequel ils voulaient bien m'écouter.

C'est pour les seuls étudiants que je parlais ; c'est pour eux, surtout, que je me propose de parler encore. Je n'ignore pas les nouveaux devoirs que m'impose un cours public, mais le premier de tous me paraît être de poursuivre, avec l'auditoire régulier de la Faculté des Lettres, un enseignement où la simple curiosité trouve la moindre part et qui s'inspire d'une notion nette de ce que doit être l'enseignement supérieur dans notre pays. Je me propose donc, Messieurs les étudiants, dans les travaux dont je vous apporterai les résultats, de rechercher, avant tout, ce qui mérite d'être, au point de vue littéraire, l'aliment intellectuel de la jeunesse française, c'est-à-dire de vous présenter des ensembles, de parcourir avec vous des époques complètes, de m'attacher aux œuvres capitales et d'établir leurs rapports réciproques, de vous inspirer le désir de connaître vous-même, par un commerce personnel, les grands esprits que nous étudierons ensemble, enfin de vous montrer la suite des idées qui, par un échange continuel, naissant de la littérature et lui donnant naissance, sont comme les états successifs de l'âme française. Ailleurs, je me souviendrai que vous avez des examens à subir ; ici, je vous demande la permission de l'oublier. Je crois bien que la meilleure préparation à ces examens, c'est, en somme, le cours désintéressé et sans application immédiate, mais il importe à la sincérité comme à l'effet de nos études d'écarter toute préoccupation qui n'ait pas pour objet ces études elles-mêmes et ce qui peut les rendre plus complètes, plus élevées et plus libres.

I.

Avec vos devanciers, Messieurs, j'avais conduit l'histoire de la littérature française jusqu'au début du xviii° siècle. Je la reprends au même point, car le sujet que j'allais traiter me semble offrir un double intérêt, l'un permanent, l'autre actuel. Il importe, aujourd'hui, d'avoir une opinion raisonnée sur le xviii° siècle ; il y va non seulement de notre instruction littéraire, mais de nos convictions morales.

Dans sa grande majorité, la génération qui a précédé la nôtre n'aurait même pas songé à poser la question que j'indique. Si elle étudiait le xviii° siècle, ce n'était pas pour y chercher des convictions, car, ces convictions, elle les avait déjà ; elle croyait à la grandeur des écrivains de ce temps et à la générosité de leurs idées. Le seul titre de ce siècle évoquait pour elle une idée précise ; elle acceptait d'indispensables réserves sur le mérite littéraire des œuvres, mais, au total, elle croyait retrouver dans les résultats impersonnels et généraux ce qu'elle était obligée d'abandonner dans les résultats individuels et partiels. Elle se reposait sur deux définitions fameuses, l'une de Michelet, qui appelait le xviii° siècle « le grand siècle », l'autre de Gœthe, qui l'appelait « le siècle des idées » ; elle acceptait, dans ses conclusions générales, la belle enquête poursuivie, ici même, par Villemain, qui voyait dans ce siècle l'initiateur, par la littérature, des idées de liberté et de justice d'où la Révolution française devait sortir, et, par elle, un monde nouveau, meilleur que l'ancien et plus digne de l'homme.

Le temps de cette quiétude intellectuelle est passé. Sous toutes ses formes, — littéraire, historique, morale, philosophique, — la critique a beaucoup travaillé sur le xviiie siècle ; elle a renouvelé la connaissance de son objet et elle nous propose de nouvelles conclusions, entièrement opposées à celles que la France libérale et lettrée avait acceptées pendant longtemps. Entre les critiques dont je parlais tout à l'heure et ceux de notre temps, bien des réserves avaient été faites sur le jugement porté par les premiers : Nisard, avec l'élévation, comme aussi la sévérité trop dédaigneuse de son goût, Sainte-Beuve, dans sa pénétrante curiosité, s'exerçant sur tout le domaine de notre littérature, avaient établi : le premier que le centre de la perfection littéraire, dans notre pays, était au xviie siècle et que ce temps l'emportait de beaucoup, pour la beauté des œuvres, sur le siècle suivant ; le second, que la valeur de celui-ci tenait surtout à des résultats généraux. Mais Nisard trouvait encore beaucoup à admirer dans le siècle de Montesquieu, de Voltaire, de Rousseau, de Diderot et de Buffon ; Sainte-Beuve confirmait la grandeur des idées nées dans ce siècle et le progrès qu'elles avaient réalisé.

Et voilà qu'aujourd'hui nous nous trouvons en présence d'affirmations contraires, très neuves et très hardies, déconcertantes et parfois irritantes, mais dignes d'un examen attentif, aussi bien par l'intérêt des questions que par l'autorité et la conviction de ceux qui les traitent. J'ai nommé tout à l'heure les historiens de la littérature dont les jugements avaient constitué une opinion favorable au xviiie siècle ; je serai plus réservé à l'égard de ceux qui soutiennent la thèse contraire. Ceux-ci sont nos contemporains, et comme une chaire de Sorbonne ne saurait donner place à la polémique personnelle, il vaut mieux, je crois, discuter les théories en elles-mêmes sans mettre en cause les noms de leurs auteurs. Ai-je besoin d'ajouter que je traiterai sérieusement ces choses sérieuses, avec tout le respect que méritent des hommes de talent et de conscience? Outre que je m'honore de compter plusieurs d'entre eux au nombre de mes amis personnels, j'estime que leur œuvre, lors même que nous aurons à en contester les résultats, était nécessaire, et que la contradiction doit montrer de la reconnaissance envers eux. Rien n'est plus stérile et plus dangereux en critique que les opinions toutes faites ; or, ils nous obligent à faire l'examen des nôtres ; ils en renouvellent l'intérêt et, quelle que soit la conclusion à laquelle nous devions nous arrêter, ils nous obligent à défendre, c'est-à-dire à prouver, des convictions, qui intéressent, vous le sentez bien, avec nos préférences de lettrés, nos principes de citoyens. Ai-je besoin d'ajouter aussi que, dans un enseignement littéraire, je ferai seulement de la littérature et que jamais, dans mes paroles, il n'y aura d'arrière-pensée politique, si étroitement lié que soit notre sujet à des questions toujours présentes? Outre que la politique, en littérature comme en philosophie et en histoire, est une grande conseillère d'erreur, elle est essentiellement intéressée, contingente et passagère. La littérature est d'autant plus elle-même qu'elle est le contraire de tout cela.

Le premier en date des critiques dont je parle, un grand esprit, créateur d'une puissante méthode, et un écrivain de premier ordre, étudiant l'ancien régime et les causes de sa ruine, les voyait bien où elles étaient. Dans les abus, d'abord, énormes et intolérables ; puis dans les idées nouvelles, exprimées et répandues par une série d'écrivains, dont il ne pouvait s'empêcher de dire, en nommant les quatre principaux, Montesquieu, Voltaire, Diderot et Rousseau : « l'Europe moderne n'en a pas de plus grands ». De ces abus je dirai peu de chose; outre qu'ils appartiennent à l'histoire plutôt qu'à la critique littéraire, ils sont si généralement constatés que, les énumérer une fois de plus

*

sans les étudier en détail, ce serait tomber dans le lieu commun. Il suffira de rappeler que l'ancien régime était chose condamnée dès 1750 et vouée à une ruine prochaine; que rien ne pouvait restaurer un édifice désormais inhabitable et que, pour en reconstruire un autre, il fallait une révolution. Or, les souffrances étaient si vives que cette révolution devait être non seulement politique, mais sociale, c'est-à-dire renouveler de fond en comble la société, depuis ses fondements essentiels, religion, famille et propriété, jusqu'à la notion même du gouvernement, jusqu'aux plus simples rouages de l'administration. Je ne m'attache pas davantage à montrer ce qu'il y a de contradictoire, après avoir très clairement expliqué ces abus et la nécessité de cette révolution, à s'étonner que la chute de l'ancien régime ait été poursuivie à travers les pires excès, comme si, pour répéter un mot fameux, on pouvait faire des révolutions « à l'eau de rose », et si, pour détruire un état social fondé sur le droit de conquête, il ne fallait pas une conquête nouvelle, c'est-à-dire la guerre, avec tout ce que ce mot comporte, par définition, de ruines et de sang, en y joignant l'atrocité particulière qui est le propre des guerres civiles. On peut, on doit déplorer ces excès, mais s'en étonner est quelque peu naïf; ils étaient dans la logique inexorable des choses.

Restent les idées. La littérature et l'esprit du xviie siècle reposaient essentiellement sur l'autorité, s'exerçant dans le triple domaine de la religion, de la politique et des lettres. Hautement philosophe, beaucoup plus que le siècle suivant, mais entendant par philosophie la métaphysique, la psychologie et la morale, tandis que le xviiie siècle ne verra dans le mot et la chose que le mépris de la tradition et la guerre aux abus, le xviie siècle réservait respectueusement tout ce qui touchait aux matières de foi et de politique. Le xviiie siècle, au contraire, s'attaque presque exclusivement à ce domaine réservé et prétend s'y installer en maître; il ne reconnaît pas la légitimité des puissances qui en gardent jalousement l'accès; il leur fait une guerre déclarée quand il peut proclamer ses desseins, sourde quand il est obligé de les voiler, acharnée toujours, qu'elle affecte l'impartialité hautaine de Montesquieu ou qu'elle se déchaîne en passion ardente avec Rousseau. A la tradition il oppose la raison, qu'il déclare souveraine, c'est-à-dire qu'à l'expérience et à ses leçons restrictives il substitue un principe qu'il croit seul légitime, le droit, pour l'homme, de régler son activité intellectuelle et morale et d'arranger sa vie privée et sociale sans autres limites que le droit d'autrui opposé à son propre droit et sans autre raison de ce droit que le droit naturel, abstraction faite de l'histoire et de l'hérédité. En un mot, à l'autorité il substitue la liberté.

II.

Telle est, Messieurs, l'essence de l'esprit nouveau, c'est-à-dire de l'esprit révolutionnaire, pour l'appeler par son nom. Il résulte d'éléments assez divers. D'abord, le progrès des sciences naturelles, que le xviie siècle avait maintenues dans un état d'infériorité, et qui aspirent désormais à la première place. Avec elles, le point de vue change dans l'étude et la connaissance de l'homme; il abandonne la théologie pour se rattacher à la science; les vérités acquises par l'observation remplacent les vérités révélées. L'histoire de l'humanité change aussi de méthode et d'objet; elle emploie la critique, elle cherche les lois sociales. Enfin, l'étude de l'esprit humain, c'est-à-dire de la raison elle-même, la psychologie, subit le contre-coup nécessaire de ces nouvelles études; de spiritualiste et d'idéaliste qu'elle était, elle devient sensualiste et expérimentale.

Voilà pour les idées en elles-mêmes. Quant à leur moyen d'expression, elles emploient l'esprit classique, c'est-à-dire un esprit de choix, de mesure, de méthode et de clarté. Cet esprit est par excellence l'esprit du xviie siècle, encore plus que celui du xviiie; on peut même dire qu'il est l'essence de l'esprit français lui-même, le but auquel il tend toujours et qui, selon que cet esprit s'en éloigne ou s'en rapproche, mesure exactement sa décadence ou ses progrès. Il aime les idées générales; il veut s'élever jusqu'à elles; il ne se sert de l'expérience et des notions relatives que comme d'un moyen; il vise à l'absolu. Enfin, il tient par-dessus tout à l'élégance de l'exposition; très préoccupé de la forme, il estime que bien dire équivaut à bien penser ou plutôt que l'un est impossible sans l'autre. Esprit très élevé et très méritoire pour la nation qui a su le réaliser, il est une forme supérieure de l'esprit humain et continue par la France la pensée de Rome et d'Athènes; mais on lui reproche de trop s'éloigner du peuple et de la nature, de trop s'attacher aux caractères généraux et pas assez aux caractères individuels, enfin de conduire à la pure idéologie, c'est-à-dire au dédain de l'expérience.

Les résultats de l'esprit révolutionnaire ne sont pas d'égale valeur et il serait aussi injuste qu'imprudent de les approuver que de les blâmer dans leur ensemble. Parmi ces résultats, il en est au moins deux de très regrettables.

Le premier, c'est l'abandon complet et le mépris affiché de la tradition, confondue avec l'autorité, alors qu'elle doit s'en distinguer souvent et qu'elle peut être pour la liberté le plus utile des guides. La tradition, c'est le legs du passé, legs fort mêlé, souvent très lourd de charges et qu'une génération ne saurait accepter que sous bénéfice d'inventaire. C'est aussi, pour le genre humain, le résultat d'une expérience aussi vieille que le monde, l'accumulation des notions acquises, des épreuves subies, des leçons recueillies. Sans elle, tout homme se trouverait, à sa naissance, dans l'état misérable de corps et d'âme où l'humanité primitive lutta et souffrit si longtemps. Vouloir rompre tout à fait avec elle est non seulement la plus dangereuse, mais la plus vaine des chimères, car, à défaut de l'acceptation voulue, l'hérédité naturelle et physiologique se charge de nous imposer la plus grande partie de ce que l'hérédité politique et sociale prétendrait rejeter en bloc. Pour un peuple, en particulier, la tradition nationale c'est la conscience de sa personnalité et de son existence à travers les siècles, c'est la solidarité des générations entre elles pour la grandeur de la patrie. Certes, chaque génération a le droit de vivre pour elle-même et de rejeter une tutelle sénile qui voudrait la réduire à sacrifier les droits du présent à ceux du passé, mais elle compromet sa propre existence et se condamne à une servitude autrement redoutable, celle de ses propres erreurs, si elle ne fait pas servir le passé au présent. Deux mots fameux résument bien les deux côtés de cette grave question. L'un est d'un poète comique, de Molière : « Les anciens sont les anciens et nous sommes les gens de maintenant. » L'autre est d'un philosophe, Auguste Comte : « L'humanité se compose de plus de morts que de vivants. » Des deux solutions du problème, le xviiie siècle choisit la plus négative, la plus dangereuse et la plus ingrate ; il rompit complètement avec la tradition.

Cette première erreur en provoquait une autre. En déclarant la guerre à la tradition, le xviiie siècle attaquait aussi l'élément le plus fort qu'eût alors cette tradition, l'autorité religieuse. Il opposait la raison à la foi, ce qui était, en bien des sujets, une nécessité absolue; il s'efforçait d'émanciper la société civile de toute contrainte ecclésiastique, ce qui était le seul moyen d'arriver à la liberté politique. D'autre part, en s'appliquant aux sciences avec prédilection et en les mêlant étroitement à la philosophie, il préparait l'admirable progrès scientifique du xixe siècle et cette conquête de la nature par l'homme, dont chaque jour accroît les résultats et dont l'imagination elle-même ne peut prévoir l'étendue. Mais, en séparant brusquement la morale de la pensée chrétienne, il renonçait du même coup à l'idée-mère du christianisme; il déplaçait le but de l'existence, mis par cette morale en dehors et au-dessus de la terre et qui donnait à la vie présente, comme objet, la préparation de la vie future par la perfection morale, c'est-à-dire la pratique des plus hautes vertus dont l'homme soit capable. De ce chef, il provoquait une décadence morale. Il mettait à la place le sentiment et l'exercice du droit individuel, avec un égal partage pour tous et chacun des biens de ce monde, sans privilèges héréditaires, sans autre hiérarchie que celle que justifient des intérêts humains et terrestres, et la subordination de ce droit au droit social, c'est-à-dire à l'intérêt des hommes vivant en société. Ceci est mêlé de bien et de mal; nous verrons tout à l'heure où risquait de conduire cette dernière théorie.

Enfin, la raison et l'esprit classique s'exerçant sur cette morale individuelle et sociale, arrivaient à la notion abstraite de l'homme et de la société, qui devait trouver sa formule dans la *Déclaration des Droits de l'homme*, lorsque la Révolution eut fait passer les principes philosophiques dans les lois. Désormais, la société, renonçant de plus en plus au principe d'autorité, allait reposer sur le principe de liberté, et celui d'égalité, conséquence nécessaire du premier. Le droit nouveau, prenant le contre-pied du droit ancien, proclamait la souveraineté de la nation, l'abolitition de la servitude personnelle, des droits féodaux et de tous les privilèges, de toutes les distinctions sociales qui ne seraient pas fondées sur l'utilité commune, la liberté pour chacun de penser et de parler, l'égalité de tous devant la loi civile et la loi criminelle. Et le législateur déclarait expressément qu'il regardait ces principes comme des vérités générales, absolues et nécessaires, « s'adressant à tous les hommes, tous les temps et tous les pays ».

Cette déclaration est toujours le fondement de notre droit public ; elle devient chaque jour, et de plus en plus, celui du droit public chez tous les peuples civilisés. Cependant, elle est l'objet d'une critique instamment répétée et considérée comme capitale : on lui reproche d'avoir légiféré pour un « homme abstrait », c'est-à-dire pour une entité métaphysique, une conception intellectuelle sans existence réelle, abstraction faite de toutes les différences qui distinguent les habitants d'un même pays et, à plus forte raison, de pays différents. A cette critique, on a très justement répondu que, dans toutes les sociétés, c'est pour cet homme abstrait que les lois ont été faites, car elles ne peuvent être conçues que pour lui. Quel est le but de la loi, en effet, sinon d'assurer aux hommes vivant en société les moyens de vivre et peut-on rechercher ces moyens si l'on ne considère les hommes par leurs caractères les plus généraux ? Cet argument me semble topique, mais on peut ajouter que, l'honneur de la Constituante, c'est précisément d'avoir voulu élever la loi jusqu'à la notion absolue du droit, non du droit pour un peuple déterminé, mais pour tous les peuples, pour tous les hommes raisonnables et pensants. Là est la grandeur de la Révolution française et, par conséquent, du siècle qui l'a préparée.

Cette seule constatation infirme singulièrement la valeur des critiques faites à l'esprit de ce siècle, c'est-à-dire à l'esprit révolutionnaire. Le résultat, c'est-à-dire les principes de la Révolution, explique ou excuse tout le reste. Les excès, les crimes, les atrocités commis au nom de ces principes, — ou même, si l'on veut, conséquence nécessaire de ces principes, du jour où de la théorie il fallut passer à l'application, — ne sauraient empêcher que ce soient les plus justes, les plus élevés, les plus beaux qui aient été formulés par des hommes. Si les mots de justice, de liberté et d'égalité ont servi à des œuvres de sang, c'est qu'ils ont été interprétés et appliqués par des hommes, qui souffraient, qui avaient des passions et, surtout, qui portaient en eux ce fonds de férocité naturelle que la civilisation atténue, mais qu'elle ne saurait supprimer et qui reparaît dans toutes les périodes de crise et de violence.

Ceci nous amène à constater une autre erreur du XVIIIe siècle, son erreur capitale, mère de toutes les autres. Il croyait l'homme naturellement bon et porté à la vertu, c'est-à-dire à l'exercice du bien; il pensait que, du jour où les injustices sociales auraient pris fin, et, avec elles, les souffrances imméritées qui aigrissent, il suivrait sa pente naturelle. C'est là sa grande utopie, celle que Rousseau exprime en cent manières et dont il avait fini par persuader tout son siècle, à force de sophismes, d'éloquence et de passion. A sa suite, les philosophes rendaient la civilisation responsable de toutes les erreurs et de tous les vices de l'homme. Or, la vérité, c'est que la civilisation n'est autre chose que le résultat d'une lutte, aussi vieille que l'homme lui-même et qui ne cessera qu'avec lui, lutte engagée par ce qu'il y a de bon dans sa nature contre ce qu'il y a de mauvais, et que, les lois civiles et religieuses, ce sont les armes employées dans cette lutte. Ramener l'homme à l'état de nature, c'eût été le désarmer contre lui-même, le livrer à ses propres coups, le condamner au suicide, si la tentative avait réussi.

Heureusement, elle ne réussit pas et, le résultat des efforts du xvIII^e siècle, ç'a été une étape nouvelle de la civilisation, c'est-à-dire un éloignement encore plus grand de la nature et de la barbarie, par les applications de la science, qui sont la forme matérielle de la lutte engagée par l'homme contre la nature, et la conformité plus grande de la loi avec la justice, dont le propre est d'être restrictive, c'est-à-dire de défendre et de punir. L'erreur des philosophes ne porta donc pas tous ses fruits; elle réussit, cependant, à compromettre pour quelque temps, un résultat essentiel, un grand et noble résultat de la civilisation antérieure. Préoccupé de mettre fin à l'asservissement du plus grand nombre par le plus petit et à la tutelle des intelligences, le xvIII^e siècle avait déclaré la guerre non seulement au principe féodal et à l'idée chrétienne, mais à toutes leurs conséquences, sans s'apercevoir qu'il en était deux du plus grand prix et auxquelles l'humanité ne saurait renoncer sans une profonde déchéance, je veux dire les idées de conscience et d'honneur. Inconnue du Grec et du Romain, l'idée de conscience peut se résumer en ceci, c'est que, en dehors et au-dessus des lois écrites, il y a un droit supérieur pour l'homme de consulter et de suivre en toutes choses le témoin intérieur de toute son activité, le juge, le recours toujours prêt, auquel il doit soumettre tous ses actes et toutes ses pensées. Ce que lui prescrit ou lui défend ce témoin, ce juge, ce recours, donne l'exacte mesure de ce qu'il vaut, non aux yeux d'autrui, mais à ses propres yeux. Aucune force extérieure à l'homme ne doit prévaloir contre les arrêts de la conscience. Quant à l'idée d'honneur, c'est non seulement le raffinement dans le respect de soi-même, la pudeur virile, c'est le sentiment qu'avant de relever d'aucune puissance, l'homme relève de sa propre dignité, qu'il ne peut ni la livrer ni même souffrir que l'on entreprenne sur elle, qu'elle a droit au respect de tous et qu'il doit imposer ou revendiquer ce respect par tous les moyens en son pouvoir, par le sacrifice de ses biens et de sa vie.

Or, une idée funeste, empruntée aux républiques anciennes et sur laquelle repose le *Contrat social*, n'allait à rien moins qu'à la destruction de ces idées. Cette idée, en subordonnant l'individu à l'État et en assurant cette subordination par une implacable tyrannie, faisait consister le bien dans l'abdication de ce que le citoyen n'a pas le droit d'abdiquer, sa conscience et son honneur, et, en confondant la vertu avec le devoir civique, elle subordonnait la morale à la politique, ce qui est un grand danger individuel et social.

Nous pouvons dire aujourd'hui que, sur ce point, la philosophie politique du xviiie siècle a échoué. Si forts sont la conscience et l'honneur, ils sont si bien entrés dans la substance morale, dans tout l'être de l'homme moderne, que la Révolution brisa ses efforts contre leur inébranlable puissance et, son assaut terminé, ils restèrent debout. Quant au reste, aux autres principes qu'elle a réalisés par les mœurs, la science et les lois, leur victoire est définitive ; plus ou moins contestés et limités depuis cent ans, ils règlent encore notre existence ; ils aspirent à se réaliser de plus en plus. Ainsi, le mal qui résulte des idées du xviiie siècle a disparu et le bien subsiste. Est-il juste, dès lors, de faire leur procès à ces idées et n'ont-elles pas toujours le même droit à notre reconnaissance ?

III.

J'ai essayé, Messieurs, de définir les idées du xviiie siècle et d'établir, en même temps, qu'elles étaient entièrement opposées à celles du xviie; j'ai voulu montrer en quoi elles leur étaient supérieures ou inférieures ; j'ai enfin essayé de prouver que, de valeur moindre sur plusieurs points et marquant, de ce chef, une décadence, sur d'autres elles étaient supérieures et marquaient un progrès.

Il n'en est pas des œuvres littéraires comme des idées; ici le xviie siècle reprend sa supériorité, une supériorité éclatante. N'y a-t-il pas là une contradiction, et comment, la matière d'une œuvre étant de qualité moindre, l'œuvre elle-même peut-elle l'emporter comme valeur? C'est que, en littérature comme en art, la forme prime singulièrement le fond. Il s'en faut, du reste, que le développement des idées et le progrès des formes marchent toujours du même pas ; tel siècle a pensé grandement et n'a eu que des œuvres médiocres ; tel autre, avec quelques idées très simples, a réalisé des œuvres très fortes. C'est le cas du xviie siècle. La plupart des idées sur lesquelles il reposait ont justement perdu l'hégémonie du monde, et pourtant les œuvres qui traduisent ces idées restent comme des modèles désespérants de force, de justesse, d'équilibre et de beauté. Ces œuvres sont classiques, quelques réserves de fond que nous puissions faire sur elles. Le jour n'est pas encore venu où, malgré la grandeur littéraire de notre temps, d'autres pourront, je ne dis pas les surpasser et les remplacer, mais les égaler et en tenir lieu.

Cette supériorité littéraire du xviie siècle n'a jamais été niée par des critiques éclairés et désintéressés ; elle est constatée par tous et se trouve, exprimée ou sous-entendue, dans tous leurs jugements. On peut dire, toutefois, que, jusqu'à ces derniers temps, elle n'était pas établie avec la hauteur d'idées, l'abondance de preuves, et la clarté que l'on est en droit d'exiger d'un jugement définitif. Sauf un ou deux peut-être, tous les critiques qui ont compté de 1800 à 1870 l'admettaient, avec plus ou moins de réserves ; aucun, cependant, ne l'établissait de manière à produire la conviction éclairée. Le plus ferme d'entre eux et le plus absolu dans l'expression de cette préférence, Nisard, malgré son talent d'écrivain et la justesse de son goût, persuadait une élite, mais n'attirait pas la foule des adhérents. Avec sa théorie étroite et *à priori* de l'esprit français, il partait d'un principe, je ne dis pas faux, mais contestable, et qui le condamnait, en apparence, à tourner dans un cercle vicieux. En outre, son ignorance de l'histoire, le dédain de ses préférences, un tour d'esprit aristocratique et conservateur dans un siècle de démocratie, mettaient en défiance ou inspiraient de l'éloignement. C'est de nos jours que la littérature du xviie siècle a été enfin abordée avec la largeur de vues, l'étendue de connaissances et, surtout, la méthode nécessaire pour lui fixer sa vraie place. Cette méthode indispensable, c'est non pas la méthode scientifique, mais une méthode qui, provoquée par l'étude de la nature, passe avec les modifications nécessaires à son nouvel objet, dans celle de l'esprit. Lentement préparée par une des plus laborieuses existences que je connaisse, essayée et précisée peu à peu, à travers une série d'études partielles qui ont fini par embrasser le développement complet de notre littérature, avec une insistance marquée sur les grandes époques et les grands noms, cette application de la méthode scientifique à la critique littéraire commence à se formuler définitivement, et son premier résultat a été, je ne dis pas de placer, mais d'affirmer avec preuves à l'appui, le centre et la perfection de notre littérature au centre du xviie siècle, depuis ce qu'on a justement appelé « le midi » de Corneille, depuis les débuts de Boileau, Molière, Racine et Bossuet jusqu'à la mort de Louis XIV. Réduite à ses éléments essentiels, cette méthode consiste à transporter dans l'histoire littéraire la doctrine de l'évolution, pressentie par Lamarck, formulée par Darwin, reprise et perfectionnée par Herbert Spencer et Hœckel. Elle enseigne que la littérature se divise en genres, naissant en vertu de lois nécessaires, vivant d'une existence propre, indépendante des caprices de la critique et, jusqu'à un certain point, de la volonté des écrivains. Ces genres ont leurs caractères déterminés, se fixent pour un temps, se modifient, se transforment et, enfin, meurent, lorsque leur puissance de durée et de développement est épuisée. Voilà, messieurs, la théorie dans toute sa simplicité, comme aussi, je crois, toute sa précision. J'estime, pour ma part, qu'elle est juste, originale et féconde.

Appliquée au xviie siècle, cette méthode constate que les genres les plus élevés et les plus conformes au génie français sont arrivés en ce temps à leur plus haut point de perfection ; ainsi, dans le domaine de la poésie, la tragédie avec Corneille et Racine, la comédie avec Molière ; dans celui de la prose, la philosophie et la morale avec Descartes et Pascal, l'éloquence de la chaire avec Bossuet et Bourdaloue; que, dans les genres secondaires, des qualités exquises de notre race et de notre pays ont atteint un degré unique de charme et de finesse avec La Fontaine, de force et d'éclat avec La Bruyère, tandis que Boileau, génie borné, mais singulièrement vigoureux, guidait, encourageait et assurait la victoire des genres élevés et des grands écrivains par son courage, sa probité et l'admirable justesse de son sens littéraire.

Si l'on admet cette méthode et si on l'applique au xviii° siècle, comme la comparaison avec le siècle précédent est facile et comme elle tourne vite à l'avantage de celui-ci! Chaque genre traité par l'un n'est repris par l'autre que pour décliner et mourir; tandis que les plus grands et les plus beaux sont dédaignés ou méconnus.

Ainsi la philosophie. Le xviii° siècle se croyait essentiellement philosophe, et il n'y avait si mince écrivain qui ne se crût alors digne de ce titre; en réalité, il ne l'était guère, si vraiment la philosophie consiste surtout dans la métaphysique, la psychologie et la morale. Il n'entendait guère par ce mot que la guerre contre les préjugés. Non seulement il n'a pas de métaphysicien original, mais il dédaigne la métaphysique au point d'en laisser interrompre la suite ; il néglige longtemps la psychologie et, lorsqu'il s'y remet avec Condillac, c'est pour la réduire à la théorie de la sensation ; sa morale, sauf de rares exceptions, est incertaine, trouble et grossière, lorsqu'elle n'est pas la négation même de ce que ce mot représente.

La tragédie, tournée à la pompe lyrique et à la déclamation sentimentale avec Quinault, donne encore avec Voltaire l'illusion de la vie, mais elle perd rapidement ce qu'elle avait acquis de conforme à ses lois constitutives pour reprendre tout ce qu'elle avait rejeté en vertu de ces lois; elle traîne son agonie jusqu'à Ducis.

La comédie se transforme ; mais, si cette métamorphose lui donne des forces nouvelles, elle reste bien loin du degré de perfection où Molière l'avait portée.

L'éloquence de la chaire disparaît et, avec elle, cette admirable étude de la vie et des passions qui, avec les grands sermonnaires du xvii° siècle, nous donnait des analyses morales aussi pénétrantes que chez les maîtres du théâtre.

Les genres secondaires de la poésie et de la prose déclinent si complètement qu'il est impossible de rapprocher de La Fontaine ou de La Bruyère un seul des écrivains qui s'y exercent, sans l'écraser, je ne dis pas en le comparant à eux, mais en les nommant.

Voilà pour les pertes. Mais il y a aussi des gains, quelques-uns très considérables. Essayons de les indiquer.

Il serait excessif de répéter que l'histoire et la philosophie de l'histoire naissent avec Montesquieu et Voltaire, dans une littérature qui avait eu Bossuet, mais il est certain qu'elles se transforment, s'élargissent et deviennent plus humaines.

La littérature scientifique, c'est-à-dire les moyens littéraires appliqués à la description de la nature, est élevée, du premier coup, au plus haut degré de perfection par le génie de Buffon.

La comédie renonce avec Marivaux et Beaumarchais à une part de l'héritage de Molière, le plus difficile et le plus méritoire, à vrai dire, la peinture des caractères, mais elle renouvelle l'autre, la peinture des mœurs, avec Beaumarchais, et, avec Marivaux, elle ouvre une veine, à peine indiquée jusqu'alors, de sentiment et de poésie.

Le roman existait déjà, mais c'est avec Le Sage et Marivaux qu'il se dégage du conte et de la nouvelle; avec Prévost et Rousseau, il étend singulièrement son domaine et prépare l'énorme développement qu'il devait prendre dans notre siècle.

La critique existait aussi, mais confondue avec la poésie, au temps de Malherbe et de Boileau; avec la philosophie, ou ce qu'on appelait de ce nom, chez Perrault et Fontenelle; avec le simple exercice de goût chez Voltaire; avec les saillies de l'humeur individuelle chez Diderot. Plus tardive que le roman, elle se constitue après lui, et, comme lui, se prépare à prendre, au xix° siècle, une place presque aussi considérable que la sienne.

Enfin, dans les dernières années de ce siècle, le moins poétique assurément de notre littérature, la poésie renaît tout à coup, par le sentiment renouvelé de l'antique, avec André Chénier.

IV.

Ces résultats sont considérables, Messieurs; quelques-uns sont d'une extrême importance, et, les idées mises à part, s'ils ne sauraient, au point de vue des œuvres, permettre au xviii° siècle de supporter la comparaison avec celui qui l'a précédé, ils lui assurent encore une grande place dans l'ensemble de notre littérature. Mais, à côté des genres existants ou créés, il y a le tour propre à la pensée du siècle, la direction générale des esprits, et, de ce chef, le xviii° siècle mérite encore l'examen.

D'abord, il est une qualité française par excellence, dont, plus qu'aucun autre, il porte l'empreinte; c'est l'élégance, dont la France devint alors l'école universelle et dont ce temps est resté le modèle achevé. A l'élégance se joint tout ce qu'elle donne de charme à la vie sociale. Une longue culture a aiguisé et affiné les esprits, poli les manières, répandu partout le goût de la conversation, des connaissances intellectuelles et de l'échange des idées, le désir et l'art de plaire. La société cultivée s'intéresse à tout et sait parler de tout, avec une aisance qui devient souvent de la légèreté, mais, souvent aussi, cette légèreté n'est qu'apparente et cache le sérieux ; elle n'est alors que la forme délicate de la mesure et du goût.

Son moyen favori d'expression, c'est l'esprit ; le XVIIIe siècle en est le modèle par excellence et son nom seul en éveille aussitôt l'idée. Je ne dis pas, certes, qu'il l'ait inventé ; l'esprit est de date fort ancienne, dans notre pays, et César constate que les Gaulois en avaient déjà beaucoup. Mais il amène à la perfection une forme particulière d'esprit, cette vivacité de la pensée, ces rapports imprévus et piquants entre les idées, cette grâce et surtout cette raison parée de finesse et de justesse que Voltaire, le dieu du siècle et son image la plus complète, mit au service de la pensée du temps avec une puissance et un charme qui assurèrent sa victoire plus sûrement que l'*Encyclopédie*. L'esprit du XVIIIe siècle commit de grands abus et, sur la fin, avec Chamfort et Rivarol, il se mêlait d'une âcreté bien déplaisante, mais, alors même, il défendait, comme un sel mordant, les idées et la forme contre la sensiblerie, l'emphase et la déclamation, trois défauts encore plus déplaisants, car ils menaient tout droit à la niaiserie, et, sur la fin, ils menaçaient d'envahir et de gâter la littérature.

Inséparable des mœurs et du goût, l'art se transforme au XVIIIe siècle, et jamais, sous toutes ses formes, til ne mit plus de charme dans la vie sociale. Majestueux et quelque peu monotone au XVIIe siècle, il devient familier et souple, sans renoncer à la grandeur. Ses diverses formes se développent avec une puissance et une faculté de renouvellement singulière : la peinture, de Watteau à David ; la sculpture, de Falconet à Houdon ; l'architecture, de Gabriel à Louis ; la musique, de Rameau à Méhul, maîtres dont la plupart sont les égaux des plus grands, avec une suite intermédiaire et ininterrompue de talents variés. Quant à l'art décoratif, entourage somptueux ou modeste de la vie intime, il traduit les idées et les goûts du temps, c'est-à-dire la finesse, l'esprit, la grâce, avec une fidélité et un bonheur qui font de lui une époque unique de l'art français.

C'est un lieu commun de reprocher à ce siècle épris d'agrément le manque de sérieux et d'émotion. Le reproche est de toute injustice. Outre son goût universel et très vif pour les sciences et l'histoire, qui ne sont pas précisément des passe-temps frivoles, il a des passions généreuses, qui se traduisent par des faits, par des lois, par une élévation des vertus sociales. De la morale chrétienne, il retient une vertu qu'il transforme sans la dénaturer, je veux dire le sentiment de l'humanité, qu'il élève jusqu'à la passion. Avant même que Rousseau ait comme créé de nouveau la grande éloquence et fait rentrer dans la littérature la sensibilité que l'abus de l'esprit en avait chassée, Voltaire avait éprouvé et inspiré, dans ce qu'elles ont de plus noble et de plus désintéressé, la compassion et la pitié pour les souffrances imméritées, l'indignation contre les barbaries sociales, la haine de la cruauté. Quant à la morale individuelle, celle qui façonne, règle et conduit l'être intime dans chacun de nous, si jamais la licence affichée et complaisamment décrite ne s'étala avec plus d'effronterie dans les mœurs comme dans la littérature, du moins, à côté de cette décadence, une noble et courageuse tentative trempa bien des caractères et sut les préparer aux terribles épreuves de l'avenir. Peu à peu se constituait, indépendante du dogme, une morale élevée, stoïcienne à l'occasion, tirant d'elle-même, avec les règles de la vie, la notion de la vertu, et enseignant à bien mourir.

Ce qui est encore à l'honneur des lettres, en ce temps-là, c'est l'action profonde qu'elles exercent et la dignité qu'elles procurent aux écrivains. Au siècle précédent, elles étaient l'image de la société et recevaient d'elle plus peut-être qu'elles ne lui donnaient ; cette fois, elles créent la société à leur image et exercent vraiment sur les esprits et les cœurs, sur les mœurs et sur les lois, l'empire de l'intelligence. Les écrivains ont conscience de cette puissance et prennent leur rang ; leur profession est reconnue et classée ; on ne leur demande plus seulement de charmer la vie, mais de la conduire. En 1750, groupés autour de Diderot et de d'Alembert pour le grand effort de l'*Encyclopédie,* ils deviennent un corps redoutable, qui tient en échec les pouvoirs publics et gouverne l'opinion émancipée.

A ce rôle nouveau de la littérature et des écrivains, il fallait une arme appropriée, c'est-à-dire une forme nouvelle de la langue et du style. Aussi, la belle période du xviie siècle, ample, souple et pleine, si savante et si aisée dans sa construction, s'altère, puis se décompose. Elle ne disparaît pas, car Buffon en fait encore un très bel usage et Rousseau la retrouve à l'occasion, mais dans le style ordinaire et général elle est remplacée par la phrase courte, rapide et pressée, singulièrement propre à l'action. La langue perd de sa fraîcheur ; elle se charge de termes abstraits, elle est souvent déclamatoire et tendue ; elle accuse, cependant, un effort constant et souvent heureux vers la précision, la justesse et la clarté. Dans son ensemble, le style du xviiie siècle est un modèle de style pratique et agissant.

Enfin, si le xviiie siècle a commencé par beaucoup détruire et s'il n'a pu reconstruire lui-même qu'une faible partie de ce qu'il avait renversé, il faut dire que, dans la littérature comme dans l'action sociale, il a multiplié des germes féconds qui allaient lever et grandir dans un avenir prochain. Si le xixe siècle est un grand siècle, presque tous les éléments de sa grandeur ont été préparés par le xviiie. J'ai déjà dit ce que les sciences et l'histoire doivent à celui-ci. Il convient d'ajouter que la révolution romantique devait être, en grande partie, provoquée par Rousseau.

Dans un morceau étincelant de verve, d'originalité et d'esprit, un des critiques qui ont renouvelé les points de vue dans l'étude du xviii° siècle et qui, en s'attaquant à cette époque, lui doivent d'avoir affirmé leur propre maîtrise, un professeur qui honorait la Sorbonne et qu'elle ne saurait oublier, disait du xviii° siècle, en reprenant un mot de La Bruyère, qu'il n'avait été « ni chrétien, ni français » ; il s'efforçait d'établir que « l'indifférence des penseurs et des lettrés à l'endroit de la grandeur du pays fut prodigieuse en ce temps-là » ; il le qualifiait de « siècle enfant, ou, si l'on veut, adolescent », et il concluait que « au regard de la postérité, il s'obscurcira, s'offusquera et semblera peu à peu s'amincir entre les deux grands siècles dont il est précédé et suivi ». Chrétien, le xviii° siècle ne l'est pas, nous avons vu pourquoi et comment ; mais, français, il l'est par excellence, car il réalise au suprême degré les qualités et les défauts que ce mot implique et sous-entend. Jamais les écrivains ne représentèrent mieux leur temps et leur pays. S'ils se désintéressaient de sa grandeur matérielle, c'est qu'ils ne pouvaient rien pour elle ; la royauté, qui prétendait incarner la France, rendait alors le patriotisme bien difficile et, surtout, le faisait impuissant. Ils se dédommageaient en essayant de procurer à leur pays la grandeur et l'action par l'esprit. Ils y réussissaient, car en ce temps, l'influence des idées françaises se répandit et régna partout ; pendant soixante ans au moins, l'esprit de l'Europe, ce fut l'esprit de la France. L'enfance prétendue du xviii° siècle, ce fut, en réalité, la virilité de notre race, et, avec elle, l'émancipation. Enfin, au regard de la postérité, je crois qu'il en sera du xviii° siècle comme du xvi°. Moins grand que ce qu'il a préparé, il en demeure, cependant, la préface nécessaire, l'explication et la raison d'être. Il n'est pas près de diminuer d'importance, puisque, de nos jours, c'est sur lui que se porte en grande partie l'effort de la critique et ceux même qui l'attaquent le plus vivement en sont très préoccupés.

Nous allons entrer dans l'étude à laquelle nous convient les maîtres dont j'ai indiqué les théories. Je compte la poursuivre avec eux, d'après eux, au besoin contre eux. Lorsque j'aurai à les discuter, ils ne verront, j'espère, dans mes objections, qu'une marque de ma grande estime. Pour ma part, je m'inspirerai surtout de ce mot de l'un d'eux, qui me semble d'une grande justesse : « Ce sera à jamais un mauvais signe, en France, quand on abaissera trop ou quand on exaltera trop le xviiie siècle. » J'espère me tenir à égale distance de ces deux extrêmes.

Il me resterait, selon l'usage, à tracer le programme du cours. Peut-être, après ce que je viens de dire, se dessine-t-il assez nettement pour qu'il soit inutile de le formuler en termes plus exprès. Il me suffira donc de vous dire que je m'attacherai d'abord et surtout à l'histoire des idées et que j'essayerai de vous fournir les preuves de ce que j'ai avancé de ce chef. La biographie des écrivains tiendra forcément une grande place dans nos études, car leur vie et leur temps expliquent leurs œuvres, en ce siècle plus que jamais ; mais, par biographie, je ne veux pas dire une suite d'anecdotes personnelles : la vaine curiosité mise à part, j'entends par là l'étude constante de l'époque où ils vécurent, l'influence du milieu, l'action de la vie mondaine, si puissante sur la plupart d'entre eux. Je ne perdrai jamais de vue que les œuvres sont souvent aussi intéressantes par les formes d'art qu'elles réalisent que par leur valeur propre. Enfin, si je ne suis pas toujours la chronologie, j'en tiendrai grand compte ; c'est ici une précaution d'autant plus indispensable que les moments particuliers du siècle importent plus à l'intelligence des œuvres et que la carrière des écrivains est plus longue et plus variée. Je ne me dissimule pas les difficultés de ma tâche ; entre les convenances que je dois ménager dans un enseignement dont le premier devoir est d'être impartial et désintéressé, le siècle que nous allons parcourir est encore très voisin de nous, par suite, nous manquons de perspective, et, dans bien des questions, nous sommes exposés à prendre fait et cause ; enfin son œuvre totale est vaste et diffuse. Pour aplanir ces difficultés, je compte sur un sentiment très vif de l'importance de mon sujet et de mes devoirs envers vous ; je compte aussi, Messieurs, sur votre bienveillance.

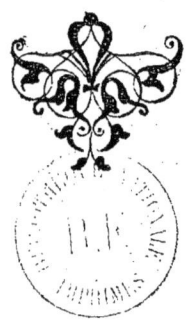

Paris. — MAY & MOTTEROZ, L.-Imp. réunies
7, rue Saint-Benoît

www.ingramcontent.com/pod-product-compliance
Lightning Source LLC
Chambersburg PA
CBHW060908050426
42453CB00010B/1608